COUVERTURE SUPÉRIEURE ET INFÉRIEURE
EN COULEUR

QUELQUES PAROLES INUTILES

SUR LE

SALON DE 1864

VERSAILLES. — IMPR. E. AUBERT, SUCCᵗ DE AUG. MONTALANT
6, Avenue de Sceaux.

CHARLES GUEULLETTE

QUELQUES PAROLES

INUTILES

SUR LE SALON

DE 1864

PRIX : 50 CENTIMES.

PARIS

CASTEL, LIBRAIRE-ÉDITEUR

PASSAGE DE L'OPÉRA

GALERIE DE L'HORLOGE, 21

1864

QUELQUES PAROLES

INUTILES

SUR LE SALON

DE 1864

I

Je sais un directeur de grand journal qui, pour juger avec plus d'autorité l'Exposition de Peinture, imagine de réunir en conseil toute sa rédaction politico-littéraire, et ne rend ses arrêts qu'après les avoir fait mûrement élaborer. Son tribunal est au complet. Depuis le président, qui surveille les débats, jusqu'au secrétaire qui se charge de rédiger sous forme d'articles les conclusions de la majorité, chacun est à son poste et remplit consciencieusement son devoir. La mise en scène, vous le voyez, est imposante : seulement, avec la réflexion, j'ai pensé que ces messieurs pouvaient bien s'exagérer leur importance, et que point n'était besoin de tant d'affaires pour en venir à formuler une opinion dont le lecteur s'embarrassait peu et l'artiste pas du tout.

Je prends trois des peintres dont le talent a été le plus dénigré par la presse, MM. Puvis de Chavannes, Courbet et

Yvon, et je demande qu'elle influence la critique a jamais exercée sur eux. Qu'on me prouve que cette fusillade tirée à leurs oreilles par les journalistes de toutes les tailles a modifié leur genre ou les a fait avancer d'un pas! M. Yvon jette-t-il dans ses batailles plus de mouvement et de variété? M. Puvis de Chavannes est-il moins froid ou moins terne? et M. Courbet est-il plus honnête dans le choix de ses sujets? Le jury avait proscrit comme immorale son *Orgie de Prêtres*; cette année l'artiste a bien pris sa revanche, et ce n'est pas sans motif que vous ne verrez pas son nom au catalogue. On reprochait à M. Manet de peindre avec une brosse à cirage. Son *Épisode d'une course aux taureaux* (n° 1282) est-il moins noir? Enfin, et pour terminer, les journaux ont lancé toutes leurs foudres l'année dernière contre une douzaine de nudités dont cependant quatre ou cinq étaient excellentes. Aujourd'hui nous en avons quinze ou vingt fois davantage. Nous avons des femmes rouges, vertes, jaunes, violettes, acajou, roses, bleues même; nous en avons de toutes les couleurs, de toutes les formes et dans toutes les poses. Voilà, ne vous en déplaise, l'influence de la critique! Passons, si vous le voulez bien, le seuil des réprouvés, ou, pour être aussi poli que le catalogue, dans les « salles destinées aux tableaux non admis à concourir pour les récompenses. » Vous n'avez pas oublié sans doute les chevaux de M. Brivet, de joyeuse mémoire. Eh bien! pensez-vous que les rires qui les ont salués aient arrêté le peintre en chemin? Pas du tout; cette année il donne un charnier au grand complet. Je vous renvoie à sa *Gamme des couleurs pour servir à l'étude des robes chez les animaux* (n° 3126).

La critique aura beau faire, jamais elle ne sera la plus

forte, et, s'il est vrai que l'art soit un sacerdoce, — vieille
maxime toute faite que chacun ramasse à son tour, — les
peintres sont très disposés à se croire les grands prêtres et à
lancer l'anathème sur quiconque ose témérairement toucher
du doigt l'arche sainte.

Donc, et ma théorie bien posée, je commence. A ceux qui
s'étonneraient de la conclusion déduite de mon préambule,
je répondrai ceci : d'abord je n'ai la prétention de bouleverser
aucune école, et je sais fort bien que ma critique ne troublera
en rien le repos de MM. les artistes ; ensuite je me suis fait
cette réflexion toute simple : si nous parlions seulement des
choses qu'il nous appartient de changer, nous ne dirions presque jamais rien.

Je me résigne d'avance à mon rôle d'inutilité. Peut-être
mes jugements seront défectueux ; je vous les livre en vous
priant, néanmoins, de les croire sincères, et de ne point m'ac-
cuser de parti-pris. Rendre hommage au talent partout où je
le rencontrerai, tel est mon seul désir. A la vérité je partage,
en principe, l'opinion de M. Cousin : je crois avec lui que
l'art doit-être la reproduction libre de la beauté ; que son but
est de procurer à quelques âmes d'élite le sentiment du beau
idéal ; qu'enfin l'art s'abandonne lui-même quand il cesse
d'élever l'âme et de provoquer chez elle des sensations déli-
cates. Mais, réfléchissant qu'il y a une gradation aussi dans
la laideur, je reconnais, sans les approuver, les efforts que
tentent certains peintres pour découvrir son idéal, et quand
ces peintres ont du talent, je le proclame en regrettant tout
bas qu'ils ne suivent pas une autre route.

Demandons à l'artiste quel est son genre, quelles sont ses
aptitudes, et, tout en réservant notre doctrine, s'il a réussi

dans le genre de son choix, s'il a atteint le résultat qu'il se proposait, ne craignons pas de lui décerner des éloges. Je n'aime pas M. Ribot, et dernièrement je critiquais chez lui non-seulement la trivialité de ses sujets, mais encore l'insuffisance de son dessin et l'empâtement de ses couleurs. Aujourd'hui, je suis bien obligé de reconnaître des qualités réelles dans ses *Rétameurs* (n° 1625). Ces deux hommes au visage malsain et boutonneux, à la peau rouge et malpropre, cet intérieur nauséabond, ne me séduisent pas; mais le coup de crayon est nerveux, les effets étudiés, et je constate chez M. Ribot de l'énergie et de l'originalité. Assurément je ne l'engagerais pas à peindre des Vénus à la façon de M. Baudry, et de petites femmes élégantes à la façon de MM. Compte-Calix et Toulmouche. Qu'il se borne à suivre ses tendances, il fera bien, puisqu'il y obtient le succès.

Vous avez peut-être entendu dire que l'Exposition était pitoyable et que l'art dégénérait de jour en jour. Ne le croyez pas : c'est encore une de ces appréciations toutes faites qu'on emprunte à son voisin et que l'on reproduit invariablement. Si cela était, il y a plus de quarante ans que l'art serait complétement perdu. Or nous avons encore, grâce à Dieu, des chefs-d'œuvre. Dans cette grande armée de peintres dont vous passez tous les ans la revue au Salon, vous trouvez, je n'en disconviens pas, moins de généraux, mais à coup sûr vous avez un plus grand nombre d'officiers. De ces généraux, la mort, hélas! a pris plusieurs depuis la dernière Exposition : MM. Eugène Delacroix, Flandrin, Dubufe; la maladie nous a ravi M. Troyon, et dans les arts on ne remplace pas les absents; mais d'autres talents sont là qui, tout en laissant intacte la gloire des anciens, ne permettront pas que la nouvelle école faiblisse ou s'éteigne. Nous ne voyons pas figurer au livret les noms de MM. Pils, Cabanel, Muller, Baudry, et nous en sommes désolés, mais nous avons pour nous consoler MM. Lehmann, Meisssonier, Moreau (un triomphe), Fromentin, Corot, Hamon, Rousseau, Landelle, Daubigny, Mme Browne, etc. Si les sommités sont moins nombreuses, nous pouvons affirmer qu'il n'y a jamais eu une aussi grande variété de talents qu'aujourd'hui, surtout chez les paysagistes et les peintres de genre.

II

Je place ici deux ou trois observations sur lesquelles j'appellerai votre attention, si vous le permettez, chers lecteurs.

La première m'a été suggérée par l'abstention de M. Cabanel. Elle s'adresse à MM. les membres de l'Institut. J'ai remarqué avec un profond regret qu'une fois de l'Académie, les artistes se dipensaient de paraltre aux expositions. Est-ce vanité de leur part, est-ce plutôt insouciance? Je ne me charge pas de trancher la question, je constate un résultat basé sur l'expérience, et je m'en afflige pour tout le monde; car enfin si les palmes de l'Institut ont leur valeur, l'opinion publique doit bien compter pour quelque chose; elle aussi décerne des couronnes, et il ne faut pas en faire trop bon marché.

Parlons maintenant de l'Administration. Pourquoi les tableaux des lauréats de la sculpture ou de la gravure sont-ils exemptés de l'examen du jury? Je sais bien qu'on va me répondre par la fameuse raison du fait accompli : « Cela s'est toujours fait, » ce qui signifie : « Cela doit toujours se faire, » excellent moyen d'entraver tout progrès, d'arrêter toute réforme salutaire. On peut travailler convenablement le marbre et découper artistement un personnage, sans avoir la moindre notion de perspective ni la plus petite aptitude à combiner un plan. On peut réussir à crayonner une jolie scène, à buriner un sujet donné, sans posséder la science des couleurs et s'être suffisamment éclairé sur leur emploi. Cette vérité n'est que trop facile à constater au Salon. Nous y voyons plusieurs toiles détestables signées de sculpteurs et de graveurs justement appréciés du public, et portant la devise : « Hors concours. » Le jury une fois reconnu, il me semble qu'il eût été de son devoir de rejeter de pareilles erreurs. Chacun y eût trouvé son compte, non-seulement le spectateur, mais encore ces hommes de mérite qui se fourvoient en voulant changer de route et entreprendre une carrière à laquelle ils sont totalement étrangers.

Ma troisième observation a trait au classement général des œuvres exposées. Je déclare que je n'ai jamais compris la nécessité de séparer les toiles d'un même peintre, système qui occasionne pour le public une perte de temps énorme; qu'en dernier lieu les précautions prises par l'Administration pour ménager à chaque tableau sa valeur relative, sont

très insuffisantes. Les uns me paraissent servir de repous-
soirs aux autres, et j'ai été frappé de trouver au Salon un si
piètre aspect à des œuvres que j'avais eu l'occasion de voir
antérieurement chez les peintres. Je sais bien que la lumière
n'est plus la même et que les proportions du bâtiment sont
écrasantes pour les tableaux ; mais une autre cause porte pré-
judice aux artistes, et cette cause-là dépend du classement
qui, à mon avis, est défectueux. Elle cessera quand on vou-
dra bien ne plus juxtaposer des couleurs qui se nuisent, des
sujets qui se font tort les uns aux autres, et des effets qui se
détruisent mutuellement.

Je m'aperçois que je suis loin de mon compte-rendu... j'y
reviens. S'il vous en souvient, chers lecteurs, je vous disais,
dans mon dernier chapitre, que la laideur avait son idéal
comme la beauté, et que plusieurs artistes prenaient à tâche
de le découvrir : c'est le contrepied de l'art, me direz-vous ; je
suis de cet avis, par la raison que l'art doit élever l'âme au
lieu de l'abaisser en reproduisant des objets dont est choqué le
bon goût. N'importe, l'école existe et j'ai cité plusieurs de ses
représentants. J'ajoute un nom à ma liste : celui de M. Du-
gasseau, l'auteur du *Matin* (n° 622). Réservant mes éloges
pour l'exécution qui me paraît correcte, pour la couleur qui
est vraie, et le trait précis, je vous demanderai si vous ap-
prouvez le choix du sujet. A mon avis, une cuisinière à sa
toilette n'est jamais séduisante. Cette figure commune, ces
mains rougeaudes qui tordent en chignon une chevelure in-
culte, cette peau noire dont les plis reposent sur un jupon
confectionné dans un vieux rideau, sont bien faits pour en-
lever au spectateur toutes ses illusions. Joignez à cela un
intérieur que vient encore dépoétiser la plus poétique des

sensations, la vue des fleurs! grosses marguerites simples, arrachées sans doute dans la cour poudreuse d'une auberge de rouliers, et vous me direz si vous admettez cette façon d'entendre les arts. Nous sommes en plein réalisme. Remontons un peu l'échelle, et nous trouvons les peintres qui se contentent de choisir des types grossiers sans les environner d'une mise en scène vulgaire et d'accessoires ramassés dans l'arrière-boutique d'un fripier. M. Collette expose un *Peintre-Vitrier* (n° 425), dont je ne dis pas de mal. D'ailleurs c'est un portrait. La couleur en est solide, le trait vigoureux, la physionomie très expressive, et si vous trouvez la casquette terreuse et râpée, la blouse malpropre et déguenillée, n'en faites pas reproche à l'artiste, mais prenez-vous en au modèle ! Je fais sur les réalistes une remarque à laquelle vous avez certainement songé comme moi, c'est que leur talent offre un point de ressemblance capital avec la photographie. Plus une expression sera mâle, accentuée, nerveuse, mieux ils la reproduiront; mais aussi donnez-leur à peindre les traits délicats d'une femme ou d'un enfant, alors leur touche deviendra indécise, leur coloris terne et plat, leurs formes vagues et douteuses. Reportez-vous, pour vous en convaincre, à l'œuvre de M. Devers, *Jeune Ouvrier potier* (n° 585), *Ouvrier émailleur* (n° 586), et vous ferez la différence !

Faut-il ranger M. Lambron dans les peintres réalistes ? Pour ma part, je crois qu'il cherche l'originalité sans appartenir à aucune école. M. Lambron a beaucoup de talent: c'est un dessinateur irréprochable et un bon coloriste; mais, ce qui le perd, c'est son besoin insatiable de popularité. Il possède tout ce qu'il faut pour arriver, et il gaspille son talent. Dans sa critique du Salon, M. Rousseau l'accusait, il y a trois ans, de tirer des pétards pour forcer l'attention du spectateur. Si le peintre avait alors représenté autre chose que des croque-morts en goguette, son nom eût été répété par moins de monde, mais sa réputation se faisait sous le patronage d'un public sérieux. L'an passé, M. Lambron tirait encore son pétard, il proposait au Salon, m'a-t-on dit, une jeune femme très décolletée regardant courir des souris blanches sur ses bras nus. Le sujet était impossible, et le pétard, de trop gros calibre, éclata cette fois dans les mains de l'artificier. Le jury refusa les souris blanches. La leçon était sévère, mais comme elle s'adressait à un tout jeune artiste capable d'en profiter, je ne la regrette pas. Aujourd'hui M. Lambron reparaît avec une œuvre encore originale, — on ne se corrige pas de ses ten-dances, — mais pourtant moins bizarre. Le Polichinelle qui, le front dans sa main, déplore l'amère *déception* d'un bal masqué (n° 1080), sollicite bien encore l'attention du public; mais les tons éclatants de son habit bariolé ne nous captivent pas assez pour nous empêcher de rendre justice aux qualités du peintre, à la solidité de sa pâte, à la richesse de sa pa-lette.

Du Polichinelle au Pierrot il n'y a qu'un pas, et me voilà conduit à nommer le tableau de M. Monginot (n° 1374). Ce-pendant, ne vous y trompez pas, le jeune gourmand *Pris sur le fait* n'est ici qu'un prétexte, et, si vous m'en croyez, ne vous arrêtez point trop au personnage. Examinez plutôt ces belles cerises, ces grenades, ces cantaloups rangés à terre et sur la table, car M. Monginot est avant tout un peintre de fruits.

J'ai parlé de réalistes, et le Polichinelle de M. Lambron m'a conduit à une petite digression; je continue maintenant

en vous entretenant d'un genre qui touche au réalisme sans
en dépendre, et que je nommerai la caricature. En ce
genre-là M. Biard excelle, et vous vous rappelez sans doute
son *Tribunal de province* et son *Intérieur de Bourse*. Aujourd'hui M. Biard n'expose pas, mais il est d'autres peintres qui suivent la même voie que lui. M. Jundt (n° 1028)
promène des paysans au maintien guindé, à l'expression béate, dans le musée du Grand-Duc; les poses sont
réussies, les physionomies bien touchées, mais l'œuvre pèche
et par le trait qui est indécis et par les tons qui manquent de
modelé. *La Rencontre*, de M. Léonard (n° 1193), tombe
encore plus dans le bouffon. Une pension de jeunes gens
croise, à la promenade, un pensionnat de demoiselles : l'air
satisfait des uns, l'importance qu'ils donnent à leur démarche,
l'expression mutine ou embarrassée des autres, forment un
ensemble assez grotesque ; rions-en, si vous voulez, mais n'a-
nalysons ni le dessin ni la couleur. Sans être irréprochable, le
style de M. Droz est mieux étudié, surtout dans son *Intérieur
de Sacristie* (n° 605). Toutes les figures sont spirituelles : voyez
l'enfant qui s'étudie à singer les saluts de la mariée ; le père
qui se rengorge dans son bonheur : « Il vient d'établir sa
fille ; » et les parents! on entend leurs chuchottements, on
suit leurs propos gouailleurs. Chacun des acteurs occupe le
public et l'amuse ; aussi, toujours il y a foule devant ces pochades. J'ai fait comme tout le monde ; je me suis arrêté, j'ai
longtemps regardé, et j'ai pris ma part de la gaîté générale.
Mais quoi!... on rit devant ces toiles comme on rirait devant
une feuille du *Charivari*, et c'est là précisément ce que je
blâme. L'art n'a rien de commun avec le trivial. Ces messieurs
répondent : « Je le sais; nous n'avons pas la prétention de

faire de l'art, nous désirons seulement amuser, distraire un moment. » Très bien ! Alors à quoi bon dépenser inutilement votre temps ? Pourquoi ces soins minutieux, ces long travaux préliminaires et tout cet attirail de chevalets, de brosses et de pinceaux ? Si vous aimez la charge, crayonnez-là, jetez vos joyeuses pochades sur le papier; mais n'usez pas tant de poudre à tirer sur les moineaux.

III

Avant de faire mes adieux aux peintres réalistes, je veux rendre une petite visite à M. Lepoittevin, et comme la sincérité est la base de toute estime, lui dire franchement mon opinion sur ses deux tableaux. Les contrastes jouent dans les arts le même rôle que l'antithèse dans le discours : deux extrêmes saisissent davantage quand ils sont juxtaposés, et l'esprit du spectateur embrasse mieux les qualités de chaque effet, qui se détachent et ressortent alors dans toute leur vigueur. Donc les contrastes sont nécessaires, indispensables même dans la combinaison d'une toile et dans son exécution. A côté d'une jeune fille le peintre placera volontiers une vieille femme; à côté de l'opulence, il représentera la misère; voilà pour le fond; à côté d'un visage en toute lumière, il jettera ses ombres les plus bistrées, voilà pour la forme ; cette forme-là, nous savons des écoles qui excellent à la revêtir : les Hollandais et les Espagnols, Rembrandt et Ribera.

Les contrastes dont j'ai parlé sont les plus simples parce qu'ils s'adressent directement aux yeux et à l'esprit ; mais il en est d'autres moins immédiats que je vais signaler, à propos des *Sonneurs* de M. Le Poittevin (n° 1205), et qui me conduiront à formuler ma critique. Chaque tableau renferme, outre ce qu'il montre, l'idée que le spectateur retrouve après le peintre. Or, dans la série des observations que cette idée suggère, réside souvent l'*antithèse* ; elle est palpable, et nous arrivons avec un peu d'attention à la découvrir. Devant la salle basse du clocher où des hommes avinés sont étendus auprès de leurs bouteilles vides, nous pensons forcément à l'église. Les cloches ont cessé leur joyeux carillon ; nous savons que l'office est commencé ; les fidèles sont assemblés, et dévotement ils assistent aux pieux exercices. Ainsi dans la même enceinte : la prière que nous suivons sans la voir et l'ivresse que nous avons sous les yeux, telle est l'antithèse à déduire du sujet, sans grand effort. Eh bien, pour moi, je n'hésite pas à la déclarer ici d'un goût équivoque. En supposant vraisemblable cette ripaille des serviteurs du culte, c'est une affaire de coulisses sur laquelle il faut tirer le rideau, loin de ménager encore les contrastes qui la font ressortir davantage. Je regrette d'autant plus cette erreur de conception que j'aime beaucoup le talent de M. Le Poittevin et que je trouve particulièrement, dans l'œuvre dont il s'agit, une science d'exécution réelle. La pâte en est solide, le trait bien accusé, enfin toutes les physionomies sont étudiées et por-

tent un caractère également naturel et vrai. A ces mérites,
j'en ajouterai d'autres qui sont peu communs chez les réalistes : c'est le charme de la palette, c'est le gracieux et le modelé de la forme; toutes qualités dont nous pouvons faire la
remarque dans le second tableau de M. Le Poittevin : *Rêve
de Cendrillon* (n° 1206). Mais, là encore, il faut critiquer la
façon dont est compris le sujet. Ce n'est pas une Cendrillon
que M. Le Poittevin représente : rien dans la scène ne
rappelle le conte de Perrault, et sans les costumes élégants
des petits messieurs qui se font de belles révérences là-haut
dans les nuages, à côté des casseroles, et pas loin des four-
neaux, on se croirait transporté chez un honnête bourgeois,
dans la cuisine où sa bonne, assez gentille villageoise, s'est
endormie, au risque de laisser brûler le pot-au-feu, et rêve
paisiblement au pays, à son amoureux, à la guinguette.

Au moment de passer aux peintres qui se sont particulièrement occcupés de la vie des champs, je rencontre cette
maxime qui m'explique bien des contradictions : « L'art est
la reproduction *libre* de la nature. »—Parfaitement juste.—
Mais comme chacun de nous porte en soi son miroir où les
objets du monde extérieur se reflètent différemment, il s'en
suit que chacun de nous voit, juge, apprécie la nature à sa
manière et suivant les sensations qu'il perçoit. De là diver-
gence de doctrines, systèmes, coteries. Interrogez M. Pru-
dhomme sur la campagne et sur les idéalistes, voici à peu
près ce qu'il répondra : « Ne me parlez pas des rêveurs d'aujourd'hui ! ils n'y connaissent rien, avec leur soleil qui brûle
les yeux; leurs chemins poudreux qui vous envole la pous-
sière en plein visage. Et leurs buissons d'églantiers ! ils sont
jolis ! j'y ai déchiré un paletot l'été dernier. C'est comme

leurs bergères! on voit bien qu'ils n'en ont jamais aperçu qu'au théâtre. De grandes filles toutes droites avec de gros sabots, des mains rouges et des bas bleus... quand elles en ont! Et ces chaumières où toute une famille couche dans la même chambre avec le pain, les tasses et les marmites. Pas moyen de toucher au lait sans qu'un essaim de mouches ne vienne s'abattre sur votre nez et bourdonner à vos oreilles. » J'arrête mon dialogue parce que vous connaissez le personnage ; si vous le voyez se pencher et cueillir une fleur, soyez persuadés qu'il va la porter à ses lèvres pour en dévorer la tige. Si vous le trouvez en contemplation devant le feuillage des bois, ayez la certitude qu'il cherche la branche la plus droite pour s'en faire une canne. Voilà comment il goûte la nature et sa poésie.

Maintenant, interrogez ce jeune rêveur qui se promène solitaire au milieu des champs ; il vous parlera du murmure plaintif de la source qui serpente dans un vallon émaillé de pâquerettes. Il vous dira la candeur des jeunes filles que n'a pas flétri le souffle empesté de nos villes. Pour lui il n'y a pas de rosée, il y a des myriades de diamants que l'astre du jour allume à son réveil. Tout chante le bonheur à son oreille : le grillon dans le pré, l'oiseau dans le feuillage. L'insecte qui se balance dans le calice d'une fleur est l'étincelle d'or que le soleil fait jaillir sous ses feux. Pour le rêveur, pas de chemin tracé, pas de ronces aux buissons ; rien qu'un merveilleux paysage qui éblouit ses yeux, qu'un harmonieux concert qui flatte son oreille, qu'un air embaumé qui monte en tièdes senteurs jusqu'à son âme !

Ainsi nous sommes en présence des deux extrêmes représentés dans les arts par deux écoles opposées : la première

qui ne voit rien du tout, la seconde qui voit trop. Il en existe
une troisième tenant le milieu entre le réalisme et l'idéalisme
purs, c'est l'école naturelle qui vise uniquement à restituer
aux champs leur véritable cachet, qui étudie consciencieusement les hommes et les choses, et s'efforce de les représenter
le plus exactement possible, sans ajouter ni retrancher rien
à leur caractère. Se mettant en garde contre tout écart de sensibilité, cet école évite avec le même soin toute exagération ;
elle observe scrupuleusement, dans les moindres détails, les
objets qu'elle décrit, et parvient à une précision d'examen, à
une correction de rendu minutieuses. L'imagination lui fait
souvent défaut, mais l'observation y supplée. Devant l'image
comme devant le modèle, le spectateur conserve son initia-
tive, suit ses propres penchants et voit dans la nature ce qu'il
y cherche : il retrouve en même temps le villageois prosaïque
et le paysage avec ses charmes ; en un mot, il lui est loisible
de s'abandonner à son gré à toutes les sensations, à toutes les
impressions diverses que le peintre, ami d'une copie fidèle,
permet sans favoriser ni exalter.

En tête de la troisième école je place les noms de MM. Millet
et Luminais. *La Bergère avec son troupeau* (n° 1362). de
M. Millet, nous retrace la vie champêtre dans toute sa sincérité. Je ne m'étends pas sur les qualités de l'exécution, sur
la délicatesse de la touche en même temps que la vigueur du
crayon, sur le modelé des chairs et le bonheur avec lequel il
reproduit la laine floconneuse de ses brebis, mais j'insiste
sur la physionomie qu'il a su prêter à son personnage. La
bergère nous offre bien le type campagnard, et pourtant sa
figure nous charme par son expression douce et sympathique ;
elle n'est pas commune, elle est vraie, et par cela seul elle

doit nous séduire. Chaque visage a son grain de poésie; il
s'agit de le ménager. *Les Paysans* qui rapportent à leur ha-
bitation un veau né dans les champs (n° 1368), présentent le
même cachet d'exactitude. Je ne parle pas des animaux; on se
demande comment une vache aussi bien faite a pu mettre au
monde un veau si difforme ! J'examine les trois personnages
et j'en admire les caractères. Les traits de la femme ont bien
cette irrégularité qui donne aux villageoises leur air de niais
étonnement, — le menton en avant, la lèvre pendante qui
découvre un ratelier mal rangé. Les deux hommes peinent à
rapporter leur fardeau ; ils marchent la tête basse, le corps
légèrement plié; quant à leur figure, elle exprime l'insouciance en même temps que la fatigue ; tous deux se ren-
ferment en eux-mêmes, et nous devinons, à les voir, la pa-
resse de leur intelligence.

Le meilleur éloge que je puisse adresser aux deux *Femmes
tratnant du varech sur la plage* (n° 1263), de M. Luminais,
m'est suggéré par le mot d'un honnête spectateur à son voisin :
« Les malheureuses! elles en ont leur charge ! tirent-elles !
se donnent-elles un mal ! » C'est qu'en effet il y a dans ces
deux corps de femmes un mouvement, une ardeur qui captivent l'attention. Les costumes misérables des travailleurs, le
ciel gris, la sombre grève, la mer noirâtre, au loin, répandent
sur la scène une poésie lugubre et saisissante. Et là encore,
c'est la nature exacte, sans exagération de sentiment. Le spectateur peut y voir à son gré la fatigue de ces pauvres pê-
cheuses de varech ou le grandiose du panorama. *La Gardeuse
de dindons* (n° 257), de M. Breton, est encore une copie de la
nature, bien que l'expression de la jeune fille soit un peu
idéalisée et que son visage, légèrement inspiré, garde comme

un reflet de la poétique nature qui l'entoure. M. Bonheur reste fidèle à sa même gamme ; toujours les mêmes bruyères, les mêmes moutons, le même ciel chargé de nuages, et le même paysan. Mais il donne cette gamme avec talent. Je signale ses terrains, ses effets de clair obscur, le vent qui circule dans ses tableaux et met en émoi hommes et bêtes. Reportez-vous au *Retour de la Foire* (n° 195), et vous connaîtrez M. Bonheur tout entier.

Nous sommes en Bretagne, restons-y avec MM. Fortin et Leleux, les premiers qui exploitèrent cette contrée âpre et sauvage, où le voyageur retrouve encore des mœurs simples et primitives, des sites pittoresques et incultes. M. Fortin, lui, est le peintre de la chaumière. Le costume des paysans, leur vie de famille, leur mobilier pauvre, leur misère honnête l'ont bien inspiré jusqu'ici. Cette année il se soutient, quelque pourtant il ait légèrement modifié son genre (n° 732, *Entre deux étapes*) ; il nous représente bien encore une chaumière bretonne avec une enfant assise dans la grande cheminée classique ; mais, cette fois, le personnage principal est un voltigeur allumant sa pipe dans un sabot. La petite fille regarde le soldat dont elle tient le fusil devant elle avec une curiosité craintive. Si les vêtements de l'enfant sont coquets dans leur simplicité, l'intérieur de la cabane est pauvre, les ustensiles en sont misérables, et nous reconnaissons les premiers instincts du peintre. Une image suspendue à la muraille, un fagot, une cruche sur la table, un plat de faïence accroché au-dessus de la cheminée, tel est l'ameublement ; il est plus que modeste, et cependant il n'est pas vulgaire ; M. Fortin ne fait pas de réalisme : il sait être pittoresque en demeurant vrai.

J'aurais désiré faire aussi des compliments à M. Leleux, ordinairement il en mérite; mais son exposition cette fois est trop inférieure à ce que nous connaissons de lui. Dans ses deux tableaux : *Lutteurs en Basse-Bretagne* (n° 1174), et *Halte de Chasseurs* (n° 1175), le paysage est dur et les personnages allongent tous le coup d'une manière aussi disgracieuse que peu naturelle. Décidément je préfère attendre à l'année prochaine pour vous parler de M. Leleux; alors j'en dirai du bien, car il prendra sa revanche.

Je ferme ma galerie villageoise en vous recommandant *la Foire aux Servantes* (n° 1288), de M. Marchal, une œuvre qu'on a justement appréciée, tant à cause de la finesse du coloris que de la spirituelle originalité de ses types; en vous invitant aussi, chers lecteurs, à ne pas oublier l'école de Dusseldorff qui nous donnait l'an passé M. Knaus, et qui nous fournit cette année des artistes de mérite, M. Lasch, par exemple, *Retour d'une kermesse en Souabe* (n° 1108). L'école de Dusseldorff prend son rang dans les arts; elle est principalement fantaisiste. Ses fêtes villageoises sont amusantes sans être jamais grotesques, ses types sont finement rendus, ses tons bien arrêtés, ses effets bien tranchés, et tous ses personnages ont un air de gaieté, un entrain qui font plaisir à voir.

Les nudités occupent au salon une place assez large pour que j'en dise quelques mots. J'aurais fort à faire si je me croyais obligé de parler de toutes, mais je veux nommer au moins les principales. On pouvait penser que l'odalisque était morte; nullement : MM. Dubufe et Landelle nous donnent chacun la leur. *Le Sommeil* (n° 615), du premier, présente une étude plus sérieuse; *le Réveil* (n° 1083), du second, est

traité dans un genre plus gracieux. Chez M. Dubufe, le style
est grave, la carnation plus chaude. Sa femme nue est peut-
être plus une odalisque que la création de M. Landelle ; mais
à coup sûr la création de M. Landelle séduit bien davantage ;
la pose en est langoureuse, l'expression vaporeuse et les
chairs ont une transparence, un modelé délicieux. Comme
chefs-d'œuvre de délicatesse, je citerai l'*Almée*, de M. Gé-
rôme (n° 794), et la scène de bain de M. Boulanger : *Cella
frigidaria* (n° 221), deux petits tableaux dont la finesse de
touche et le poli frappent tellement qu'on les prendrait volontiers pour de la peinture sur porcelaine. Je ne goûte pas
la pose de l'almée, elle est exagérée, d'abord, et le bras
gauche est défectueux, l'attache du poignet particulièrement,
mais je suis émerveillé de la patience que ces messieurs dé-
ploient dans toutes leurs œuvres. Si leur style manque d'am-
pleur, le fini de la forme atteint chez eux le dernier degré de
la perfection.

M. Caraud nous introduit au sein de la vie intime, dans le
sanctuaire même de la famille, *l'Entrée au bain* (n° 310),
la Sortie du bain (n° 311). On oublie qu'on a devant soi
deux jeunes femmes dans le plus complet déshabillé, pour
ne plus songer qu'à la chasteté du lieu. Plusieurs critiques
ont prétendu que M. Caraud s'essayait dans un genre nouveau ;
l'assertion est complètement erronée. M. Caraud a reçu fort
longtemps les leçons d'Abel de Pujol, et nous savons qu'Abel
de Pujol avait fait de la connaissance des nus l'objet d'études
approfondies ; il était enthousiaste de l'antique, et, chez les
Grecs, il puisait cette pudeur de la forme qui est le beau côté
de l'art... Je n'aime pas le nu quand il provoque dans l'esprit
du spectateur des pensées sensuelles ; mais vouloir le proscrire,

c'est répudier la plus belle œuvre du Créateur. Elevez-vous dans les sphères supérieures et rappelez-vous que l'art antique s'est le plus rapproché de l'idéal.

Savez-vous ce que disait l'autre jour un bon journal qui voulait se mettre en frais d'esprit? Ecoutez son raisonnement : « S'il prenait à une dame la fantaisie de se promener sans vêtements dans la rue, les sergents de ville l'arrêteraient et la conduiraient au poste; pourquoi donc n'arrêterait-on pas aussi les femmes qui se pavanent toutes nues dans leurs cadres. » Très ingénieux, cette manière d'entendre l'art. La facétie est nouvelle; mettons, si vous le voulez, qu'elle est réussie, mais ne partageons pas les scrupules du critique humoriste!

« L'impudique, disait Diderot, n'est pas la femme nue, c'est la troussée. » Je suis de l'avis de Diderot; le décolleté seul est perfide; c'est un méchant procédé dont abusent souvent les artistes pour tromper la bonne foi de leur public, et nous tombons d'autant mieux dans le piége qu'on nous le dissimule sous les apparences d'une fausse pudeur.

IV

Si vous cherchez à vous distraire au Salon, chers lecteurs, faites comme moi, écoutez les propos du public ; ce n'est pas

discret, j'en conviens, mais c'est très piquant. L'autre jour
j'entendis une jeune dame qui disait d'un air maussade à son
cavalier : « Partons, mon ami, j'en ai assez de ton exposition,
elle est triste ; il n'y a pas seulement de batailles ! ce n'est pas
amusant du tout. » J'ai trouvé que cette dame avait une sin-
gulière façon de comprendre la gaîté, mais au fond il y avait
du vrai dans sa remarque : le drame est nécessaire aussi bien
au Salon qu'au théâtre ou dans un journal. Combien de bourgeois achètent *la Patrie* qui n'achèteraient pas *les Débats!*
Combien de gens s'amusent à pleurer à la Porte-Saint-Mar-
tin qui s'ennuieraient au Théâtre-Français! Que voulez-vous?
Tout artiste a sa catégorie de spectateurs comme tout écri-
vain a sa catégorie de lecteurs. Celui qui voudrait plaire à
tout le monde ne satisferait personne. Je sais bien un mon-
sieur, moi, qui juge la peinture au point de vue du cheval.
Devant les tableaux de M. Meissonier, il grondait et se déso-
lait : « En vérité, quand on a l'honneur de s'appeler Meissonier, on ne devrait pas commettre de pareils chevaux. Du
reste, ils sont tous comme cela, Raphaël! M. Ingres! du talent, je ne m'y oppose pas, mais incomplets ; jamais ils n'ont
su faire un cheval ! »

Cela est pour en arriver à vous dire que les amateurs de
batailles sont bien trompés cette année. La paix règne sur toute
la ligne au Salon. M. Pils n'expose pas ; M. Yvon, dont le
pinceau brisa plus de crânes, déchira plus de poitrines, ré-
pandit plus de sang humain que la terrible Durandal au
temps jadis ; Yvon, le redoutable Yvon, fait un portrait de
jeune fille orné de feuillage (n° 1984).

Il est vrai d'ajouter que si les batailles sont absentes, les
uniformes ne manquent pas, et les scènes militaires abondent.

M. Meissonier s'est exécuté ! En vain on attendit à l'exposition de Londres son fameux combat de Solférino ; on l'attendait encore l'année dernière au Salon français où il ne vint pas davantage ! Aujourd'hui nous le possédons enfin, et, pour nous indemniser du retard, l'artiste ajoute un second cadre : *Souvenir de la Campagne de 1814*, qui n'était pas annoncé, que le catalogue ne mentionne même pas ! La curiosité du public se conçoit aisément. Quand un peintre de la valeur de M. Meissonier se produit sous un nouveau jour, c'est presque un événement dans les arts ! Reste à savoir si nous devons nous en réjouir. Pour ma part, je n'hésite pas à donner la préférence à l'ancien Meissonier. Ses deux tableaux militaires me font sérieusement regretter les charmants intérieurs Louis XV, où l'artiste déployait tant de finesse et d'esprit. Les terrains neigeux de sa *Campagne de 1814* n'ont aucun relief, et malgré moi ils me rappellent un parquet bien ciré ! Le paysage de son *Empereur à Solférino* (n° 1328) est sec, dur, les tons manquent de chaleur, enfin il n'y a dans l'attitude des personnages ni action ni mouvement, et je ne saurais voir, dans ces deux sujets militaires, autre chose qu'une série de portraits ressemblants qui défieraient par leur correction scrupuleuse le microscope le mieux établi.

Je n'ai que du bien à dire de l'anecdote pleine de cœur et de sentiment que M. Bellangé nous met sous les yeux (n° 124) : l'Empereur, au milieu d'un grands concours de paysans, de prêtres et de soldats, salue un vieillard de 80 ans qui lui est présenté par un grenadier de la garde, le fils même de l'octogénaire. La scène est attendrissante, et l'artiste en a tiré le parti désirable.

Vive l'Empereur ! (n° 51). Au passage de Napoléon, des

soldats blessés se soulèvent péniblement, et, agitant leurs bonnets en l'air, envoient à l'Empereur le dernier cri de leur enthousiasme. M. Armand Dumaresq a convenablement traité ce sujet pathétique, mais il a le tort de venir après beaucoup d'autres, après Horace Vernet en particulier.

Le spectateur dont je vous parlais plus haut doit être enchanté du second cadre de M. Armand Dumaresq : *Promenade de S. A. Monseigneur le Prince impérial* (n° 52). Ici personnages, voiture, escorte, semblent amenés pour servir de prétexte à une étude de chevaux parfaitement réussie, d'ailleurs.

M. Protais oublie qu'il doit son triomphe au sentiment dont il anime la physionomie de ses soldats : dévouement, résignation, patriotisme, chagrin ou bonheur, voilà ce que, pleins d'émotion, nous lisions l'année dernière sur les traits de ses jeunes chasseurs ; aujourd'hui il endort ses personnages : *la Fin de la halte* (n° 1588). — Je ne dis rien du *Passage du Mincio* (n° 1589), sinon que les tons criards de cette multitude de toques rouges tranchent sur les pantalons blancs et sur le paysage assez terne, de façon à produire un effet désagréable à l'œil.

Nous avons vu l'armée sur terre, nous allons la retrouver en bateau. M. Hersent expose aussi : *le Passage du Mincio* (n° 937). Beaucoup d'air, beaucoup de lumière ; les physionomies des soldats sur leur barque sont expressives, surtout celle du marinier qui, la main ouverte sur le front, en manière d'abat-jour, examine au loin l'horizon. L'eau seule appelle la critique ; elle n'est pas assez transparente.

Avec M. Charpentier, nous avons encore des soldats pas-

sant une rivière en barque; seulement cette rivière est la
Loire et ces soldats sont des Vendéens. De plus, il y a chez
M. Charpentier une idée qui n'existait pas dans l'autre cadre.
Nous assistons aux derniers moments de Bonchamps. Le général royaliste expire entre les bras de sa femme et de l'abbé
Courgeon. Tous les acteurs du drame se trouvent réunis sur
la même barque. Le moribond, assis, repose la tête sur des
oreillers; son visage est pâle, ses yeux demi-fermés expri-
ment la résignation; à ses côtés se tiennent Mme de Bonchamps et l'abbé; derrière, une servante, à genoux, la tête
dans ses mains, donne libre cours à sa douleur; devant et au
milieu, des groupes vendéens, et plus loin les rameurs. Tous
les personnages occupent la place et présentent les caractères
de leur rôle : et la servante dans son bruyant désespoir, et le
prêtre dans ses consolations expansives, et le vieillard dans
son impassible résignation, et les soldats dans leur morne
douleur. Les attitudes ont été empruntées à la situation, et
l'indépendance d'allures n'a en rien diminué le soin apporté
par l'artiste à l'exécution. M. Charpentier, en effet, dans les
grands cadres comme dans les petits, aime à caresser, à polir
son style. Son coloris est transparent, ses teintes sont fon-
dues, et si l'âme s'émeut de la gravité du sujet, le regard est
flatté par le modelé de la forme et la légèreté du pinceau!

Vous le voyez, chers lecteurs, si la peinture d'histoire tend
chaque jour à disparaître, le genre militaire est en grand
honneur. La raison de cette transformation me paraît toute
simple : pour être bon peintre de batailles, il faut avoir du
génie; pour briller dans la peinture de genre, il ne faut que
du talent! Pourquoi la peinture religieuse tombe-t-elle en
pleine décadence? C'est qu'on doit, pour la comprendre, être

dominé par une ardente foi, et que notre siècle est tiède en matière de religion, je pourrais même ajouter sceptique sans craindre de l'offenser. Pour mesurer le degré de décrépitude où en est arrivée la peinture religieuse, il faut avoir visité le Salon. On en vient à rougir pour les artistes qui s'abusent au point de nous montrer de semblables horreurs ! Que sont devenus les Raphaël, les Titien et les Murillo? Si j'excepte quelques noms, ceux de M. Matout, de M. Gentil, de M. Renault, par exemple, je ne trouve plus rien absolument. M. Bouguereau lui-même est un artiste plein de distinction et de charme ; mais sa Vierge, l'année dernière, n'était pas une vierge, c'était une jeune femme délicieuse ; quant au sentiment religieux, il était nul. Et l'imitation de l'antique ! M. Puvis de Chavannes, M. Bin et tant d'autres : des tentatives, aucun élément de progrès. Il faut tenir compte de la bonne volonté, saluer ces derniers combattants de la grande école, ils sont courageux, mais hélas ! peuvent-ils suffire à nous arracher nos convictions, à soutenir avec leurs faibles bras un édifice qui s'écroule? Qu'on me donne une vocation à proclamer ! je le ferai avec bonheur, car, plus que personne, je regrette les grandes écoles ; mais j'ai beau tourner de tous côtés les regards, je ne vois rien, absolument rien ! Musique, littérature, poésie, peinture : fantaisie! Tout est fantaisie. A qui en est la faute? aux peintres d'abord, qui manquent d'inspiration, et puis à vous, public, qui ne goûtez que le genre léger. Tenez, je me trouvais dernièrement avec un artiste très connu, un artiste en réputation qui, lui, étudia l'antique et commença sa carrière par la peinture sérieuse ; aujourd'hui il fait du genre : « Que voulez-vous, me disait-il, j'ai produit des tableaux d'histoire, personne ne les goûtait. Ils ont couru dans tous les départements, dans toutes les expositions, et je les ai gardés cinq ans avant de les céder à un musée de province pour un prix ridicule. Maintenant, je vends mes tableaux sur commande et je les vends très cher. Il faut bien suivre son siècle. » Je ne partage pas les idées de mon peintre. Quand le siècle est mesquin, on doit le combattre, essayer de le dominer; c'est le devoir de tous ceux qui ont l'honneur de s'occuper des choses de l'esprit; mais on n'en a pas l'énergie, ou plutôt on n'est pas assez fort. Pleurons sincèrement sur la grande peinture, déclarons hardiment que notre époque est inférieure à la Renaissance, mais que nos larmes n'obscurcissent pas assez notre vue pour nous empêcher de voir les mérites de la nouvelle école; ne disons pas comme beaucoup, à la sortie de l'Exposition : « Je n'ai vu que des paysages et des tableaux de genre; bagatelle, niaiserie; qu'est-ce que cela prouve? Je ne reviendrai pas! Qu'on me donne un Apollon ou une Sainte-Famille, et alors nous verrons! » Eh! Messieurs, nous partageons votre enthousiasme pour les grandes choses, nous préférons un bel opéra à toutes les romances, à toutes les chansonnettes du monde; mais, à défaut de grand opéra, nous daignons écouter la romance avec quelque plaisir; même nous ne craignons pas de laisser poindre un sourire sur nos lèvres à l'audition d'une spirituelle chansonnette! Est-ce un crime à vos yeux? Quand nous exposerons nos théories, nous avouerons, soyez-en certains, notre prédilection pour les sublimes créations de l'art grec; ici nous parlons du Salon de 1864, et vous nous accusez de ne prendre pas notre rôle au sérieux, parce que nous ne mettons pas le feu au quatre coins du Palais de l'Industrie! Pourtant, ne vous en déplaise, je vous dirai que MM. Lehmann et Bonnat

ont un talent remarquable, et que je trouve la *Prima vera*
de M. Merle une création ravissante de grâce et de poésie;
que je constate chez MM. Baugniet et Anker une sensibilité
touchante; que M. Compte-Calix est un délicat interprète du
cœur humain. A ce propos, je vais laisser parler un de mes
bons amis qui a bien voulu prendre quelque intérêt à cette
exposition soi-disant mesquine et insignifiante. « Il y a un
tableau de M. Compte-Calix, m'écrivait-il, qui m'a fait venir
les larmes aux yeux. Deux amies de pension, deux amies,
une ouvrière toute vêtue de noir et une grande dame élégante,
sont dans les bras l'une de l'autre; un vieux domestique,
encadré dans la porte ouverte, regarde la scène en pleurant.
Les laines de l'ouvrière et un gant de l'autre jeune femme
sont à terre : évidemment elles ont tout quitté bien vite pour
s'embrasser. L'amie pauvre a la tête baissée et ne s'abandonne qu'à demi, comme arrêtée par les dentelles de l'amie
riche qui, au contraire, l'attire bien fort contre son cœur. Il
y a tant d'émotion vraie sur le visage de la grande dame,
tant de souffrances oubliées dans l'attitude de la petite ouvrière, tant de délicatesse dans les moindres détails, que je
me suis senti tout attendri devant ce tableau. Merci à toi de
l'avoir signalé. »

Vous n'avez pas oublié que l'art des draperies fit jadis la
gloire de plus d'une école, de l'Ecole espagnole surtout.
Pourquoi donc ne pas signaler la perfection à laquelle sont
parvenus en ce genre plusieurs peintres actuels : MM. Wil-
lems, Accard, de Jonghe et Toulmouche? Devons-nous taire
encore notre affection pour les tableaux de MM. Fromentin
et Berchère, de M. Achille Zo, de MM. Pascal, Bellet du
Poinsat, Delamarre et Adolphe Lefebvre? Analyser serait

trop long, je cite; vous reconnaîtrez sans peine les œuvres d'après les noms de leurs auteurs.

Si j'avais le temps de vous parler des paysages en détail, j'en aurais une longue liste à dérouler devant vous : M. Corot, avec ses effets de vaporeuse lumière et ses arbres balancés par le vent; M. Lambinet, avec sa limpidité de couleur, sa délicatesse de touche, la transparence de ses eaux; M. Lanoue, avec sa profondeur de perspective; M. Daubigny, avec sa vigueur de pinceau; M. Paul Huet, avec son indépendance de méthode, son style large et inspiré, sa chaleur de coloris; M. Colin, un jeune talent qui se révèle sous les plus heureux auspices; MM. Rousseau, Schreyer, Sauvageot, etc., etc.; MM. Gudin et Jugelet, deux peintres de marine; mais je n'en finirais pas à vous les nommer tous. Si la grande peinture est morte, il est des genres qui n'ont jamais été mieux compris qu'à notre époque : le paysage et le style léger, gracieux, élégant des scènes intimes. Voilà ce que notre siècle peut revendiquer sans crainte. Nos conquêtes nouvelles ne compensent pas nos pertes; je le répète encore, afin qu'il n'y ait pas de doute à cet égard; autant vaudrait préférer le talent au génie, et ce n'est l'avis de personne! Mais que notre chagrin d'avoir perdu les anciens ne nous conduise pas à mépriser les modernes. L'échelle qui mène à l'idéal a plusieurs degrés : faut-il ne laisser que le dernier et briser tous les échelons intermédiaires? Examinons, pesons les dispositions de chaque artiste; cherchons, comme le conseillait Horace :

> . . . . . . *Quid ferre recusent,*
> *Quid valeant humeri.* . . . . .

et ne demandons rien au-delà.

Que penseriez-vous d'un chef d'orchestre qui forcerait les ténors à chanter les barytons, et les barytons à chanter les basses ? S'il connaît son emploi, il fera solfier devant lui tous ses sujets ; il étudiera leurs voix et répartira les rôles suivant les moyens de chacun ; à ce prix, il obtiendra un concert passable. Eh bien ! le critique devra se conduire avec les peintres comme mon chef d'orchestre avec ses musiciens. Il s'identifiera avec les tendances de l'artiste, sans parti-pris, sans esprit de dénigrement, et jugera si cet artiste a bien rempli les conditions particulières au genre de son choix. Se réservant, néanmoins, la faculté de signaler les erreurs, il usera de son droit de contrôle quand il découvrira que tel ou tel méconnaît ses propres forces ou les exagère. Ainsi la critique aura son but réel et donnera quelquefois de salutaires avis : libre ensuite au peintre de ne pas les suivre !

Versailles. — Impr. de E. AUBERT, 6, avenue de Sceaux.

www.ingramcontent.com/pod-product-compliance
Lightning Source LLC
Chambersburg PA
CBHW030118230526
45469CB00005B/1689